W0212526

HEYNE <

Für Anne

Sara Johnson

Das kleine Buch vom Tarot

Liebe, Bestimmung, Erfolg: Der einfache Weg, die Karten zu deuten

Aus dem Englischen übersetzt
von Karin Weingart

WILHELM HEYNE VERLAG
MÜNCHEN

Die Originalausgabe erschien 2023 unter dem Titel *The Little Book of Tarot* bei Gaia Books, einem Imprint von Octopus Publishing Group Ltd, Carmelite House, 50 Victoria Embankment, EC4Y 0DZ, England.

Die in diesem Buch vorgestellten Informationen und Empfehlungen sind nach bestem Wissen und Gewissen geprüft. Dennoch übernehmen die Autorin und der Verlag keinerlei Haftung für Schäden irgendwelcher Art, die sich direkt oder indirekt aus dem Gebrauch der hier beschriebenen Anwendungen ergeben. Bitte nehmen Sie im Zweifelsfall bzw. bei ernsthaften Beschwerden immer professionelle Diagnose und Therapie durch ärztliche oder naturheilkundliche Hilfe in Anspruch.

Der Verlag behält sich die Verwertung der urheberrechtlich geschützten Inhalte dieses Werkes für Zwecke des Text- und Data-Minings nach § 44 b UrhG ausdrücklich vor. Jegliche unbefugte Nutzung ist hiermit ausgeschlossen.

MIX
Paper from responsible sources
FSC® C004378
FSC www.fsc.org

Penguin Random House Verlagsgruppe FSC® N001967

Copyright Design, Layout, Illustrationen © 2023 by Octopus Publishing Group
Text copyright © Sara Johnson 2023
© dieser Ausgabe 2023 by Wilhelm Heyne Verlag, München, in der Verlagsgruppe Random House GmbH, Neumarkter Straße 28, 81673 München
Alle Rechte sind vorbehalten. Printed in Germany.
Redaktion: Dr. Diane Zilliges
Umschlaggestaltung: Guter Punkt, München
Designer und Illustrator: Abi Read
Satz: Vornehm Mediengestaltung GmbH, München
Druck und Bindung: PBtisk, a.s., PŘÍBRAM
ISBN 978-3-453-70468-8

www.heyne.de

Inhalt

Einführung 6

1: Die Arbeit mit den Karten 12

2: Die Großen Arkana 22

3: Die Kleinen Arkana 46

4: Spreads und Storys 82

5: Der Tarot im Alltag 92

Einführung

Wann immer du dich überfordert, verwirrt oder blockiert fühlst, kann dir die Befragung eines Tarotdecks zu kreativen Lösungen verhelfen. Denn auch wenn der Tarot mitunter als esoterisch oder unseriös abqualifiziert wird, stellt er doch eine schöne Art dar, das Leben zu betrachten. Du brauchst dafür nur eine Portion Neugier und die Bereitschaft, dich der Wahrheit zu stellen.

Und wenn ich dir nun sage, dass das Leben aus einer Anzahl von Geschichten oder Mustern besteht? Die sich hindurchziehen und je nach aktuellem Interesse und persönlicher Befindlichkeit mal mehr und mal weniger dominant sind? Uns allen sind diese Geschichten und Muster gemein – denn sie sind es, die unser Menschsein ausmachen.

Einfach ausgedrückt, erzählt der Tarot 78 solche Geschichten. Jede Karte enthält eine geheime Lektion oder Erkenntnis. Und diese gilt es, bei der Arbeit damit zu entschlüsseln. Ob sich die Aussage auf Gegenwart, Vergangenheit oder Zukunft bezieht, entscheidest du selbst. Da wir uns aber nur selten im Hier und Jetzt befinden, eignet sich der Tarot besonders dafür, unsere

Gegenwart auszuloten. Statt uns die Zukunft »vorherzusagen«, führt er uns unsere Verhaltensweisen, Gedanken und blinden Flecken vor Augen und hilft uns so, zu erkennen, was passieren kann, wenn wir nichts verändern.

Betrachte die Karten als weise, sachliche Freundin oder Therapeutin, die die Wahrheit hinter dem Schein sieht und dich bei der Überlegung unterstützt, wie du dein Leben ohne jede Scham, dafür aber optimistisch und liebevoll weiterführen kannst. Du darfst die Karten gern täglich befragen, egal, wie du dich fühlst. Sie werden dich nie bewerten, sondern stets genau so akzeptieren, wie du bist. Und eine solche Stütze können wir doch eigentlich alle brauchen, finde ich.

Die Geschichte des Tarots

Ursprung und Bedeutung der Tarotkarten sollen auf das späte 14. Jahrhundert zurückgehen, sie wurzeln aber eventuell sogar schon im altägyptischen und altgriechischen Mystizismus. Seit es Menschen gibt, versuchen die klügsten unter ihnen, die Tatsachen und Geheimnisse des Lebens zu ergründen. Zu den Weisheitstraditionen, die von Generation zu Generation weitergegeben wurden und sich immer mehr verfeinerten, zählt auch der Tarot.

Die ursprünglich verwendeten Decks ähnelten den üblichen Spielkarten. In vier Farben unterteilt – Stäbe, Kelche, Münzen und Schwerter –, hatte jede Karte ihre

eigene Bedeutung: wie eine Sammlung mündlich weitergegebener Volksmärchen. Hinzu kamen im Laufe der Zeit von Künstlern gestaltete »Trumpfkarten«, die universellere Themen aufgriffen und Archetypen darstellten wie etwa den Narren, die Gerechtigkeit, den Tod, die Liebenden oder den Gehängten.

So kam es zu den beiden Hauptkomponenten des Tarots: den älteren Kleinen Arkana mit ihren Farben, Zahlen- und Hofkarten sowie den 22 (Trumpf-)Karten der neueren Großen Arkana (Arkana heißt »Geheimnisse«). Mehr über die Unterschiede zwischen beiden erfährst du auf den Seiten 22 und 46.

Am vertrautesten ist dir wahrscheinlich das 1909 von Pamela Colman Smith gezeichnete Rider-Waite-Deck, auf dem auch die Legungen in diesem Buch beruhen. Sie war wohl die erste Künstlerin, die nicht nur die Trumpfkarten gestaltete, sondern auch die Karten der Kleinen Arkana mit symbolischen Charakteren und Szenen versah. Auf ihrem farbenfrohen, lebendigen Kartenset beruhen heute die meisten Tarotdecks.

Zwar hat sich unser Leben in den letzten Jahrhunderten stark verändert, da unsere Hirne und Körper aber immer noch gleich funktionieren, haben wir doch auch viel mit unseren Vorfahren gemein. Mithin repräsentiert der Tarot quasi etwas universell Menschliches: die Dramen, Schmerzen, Ängste und Freuden, die der DNA unserer Spezies offenbar fest eingeschrieben sind. Diese Archetypen der *condition humaine* sind es auch, denen der Tarot seine Relevanz und Aussagekraft verdankt – und das heute nicht weniger als vor Jahrhunderten.

Legen wir los!

Bist du bereit, diese 78 wunderbaren Geschichten kennenzulernen und in ihre Geheimnisse einzutauchen?

Dann brauchst du:

- ein Tarotdeck, vorzugsweise das originale Rider-Waite-Set oder eines, das auf dessen Symbolsprache beruht
- Stift und Notizbuch
- Zeit und Ruhe, damit du überlegen kannst, ohne gestört zu werden
- Wissbegier. Versuch bitte, bei der Arbeit mit den Karten alle Bewertungen und Erwartungen beiseitezulassen.

Außerdem würde ich dir empfehlen, dieses Buch zunächst einmal ganz durchzulesen, um dich mit dem Tarot vertraut zu machen und eine Vorstellung davon zu gewinnen, was du dir von den Karten erwarten darfst und wie du Antworten auf deine Fragen findest.

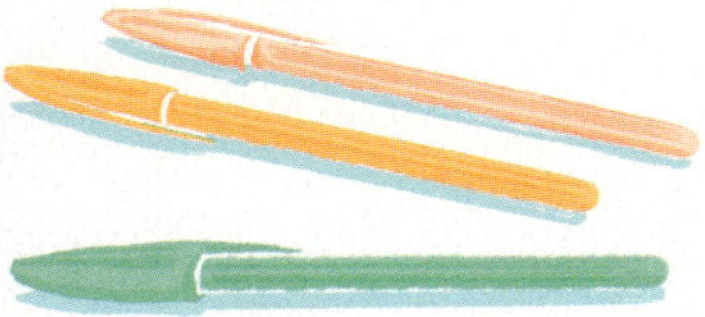

1: Die Arbeit mit den Karten

Erforsche die Karten und dich selbst

Sei so gut und breite alle Karten deines Tarotdecks vor dir aus. Vergiss die Bilder von mysteriösen verschleierten Frauen, die einer nervös-verängstigten Ratsuchenden die Karten legt. Schieb überhaupt alle Vorurteile beiseite, die du eventuell hast, und guck einfach hin. Was siehst du?

Bringen dich die Bilder auf den Karten zum Lächeln? Lassen sie dein Herz schneller schlagen, machen sie dir Angst, verwirren sie dich oder geben sie dir das Gefühl, dich lächerlich zu machen? Falsche Antworten gibt es hier keine. Deinen Ausgangspunkt zu kennen, kann aber durchaus hilfreich sein.

Angst

Wenn du dich bedroht fühlst oder dir Sorgen machst, werden deine Legungen eventuell von Angst begleitet. Solltest du Veränderungen fürchten, dich vom Leben überfordert fühlen oder ständig mit schlechten Nachrichten rechnen, können die Karten dir helfen. Du kannst deine Ängste in die Legungen einbringen und herausfinden, dass keinerlei Gefahr besteht. Dich erwartet hier keine böse Überraschung, nur das sanfte Aufdröseln von Problemen, das es dir erleichtert, dich deinen Ängsten zu stellen. Vielleicht wurde dir aus religiösen Gründen erklärt, der Tarot sei etwas »Böses«. Auch das kannst du in deine Legungen einbringen. Der Tarot hilft, die Vergangenheit und ererbte Geschichten zu beleuchten. Sieh darin eine Chance zur Erkundung deiner persönlichen Wahrheit.

Zweifel

Falls du den Karten mit Zynismus oder Desinteresse begegnest, könnten deine Legungen von Zweifeln begleitet werden. Auch das ist völlig okay. Der Tarot lässt dich differenziert sein und ihn auf die Probe stellen. Seine Bilder schrecken dich ab? Vergiss nicht: Es sind nur Symbole. Sieh sie als neutrale Motive, die du interpretieren kannst, wie du willst. Du weißt ja, dass du nicht alle Antworten kennst. Aber bist du auch bereit zu akzeptieren, dass du hier etwas hinzulernen kannst?

Was du auch fühlst, schreib es auf:
»Ich empfinde [benenne hier dein Gefühl]. Also werden meine Legungen von [benenne deinen Gemütszustand] begleitet werden.«

Kognitive Verzerrung

Auf diese Weise werden dir die Erwartungen, Wunden und Blockaden bewusst, die du in deine Legungen einbringst. Sie beeinflussen deine Schlussfolgerungen, was du weglässt und worauf du dich konzentrierst. Sie führen dir deine Voreingenommenheit vor Augen und lassen dich eventuell defensiv auf Dinge reagieren, die davon berührt werden. Du brauchst nichts an deinen Gefühlen zu ändern und dich auch nicht für sie zu schämen – Voreingenommenheit kennen wir alle. Weißt du über deine aber von Anfang an Bescheid, merkst du es schneller, wenn deiner Legung etwas in die Quere kommt, dir den Überblick oder einen Perspektivwechsel erschwert.

Da sich die Objekte unserer Voreingenommenheit oft ändern, empfehle ich dir, dich regelmäßig daraufhin zu analysieren.

Übung

Die Tageskarte

Am besten kannst du den Tarot kennenlernen und ihn in dein Leben integrieren, wenn du täglich eine Karte ziehst und dich auf sie konzentrierst. Ideal dafür ist der Morgen, denn so hast du tagsüber genügend Zeit, über die Karte nachzudenken.

Eine tägliche Übung:

1. Misch das Kartendeck gründlich.
2. Schließ die Augen und atme durch, bis gelassene Stille in dir aufkommt.
3. Stell dir (gern auch stumm) eine Frage, zum Beispiel: »Worüber möchte ich mir heute Klarheit verschaffen?«
4. Leg die Karten mit der Rückseite nach oben vor dir aus.
5. Schließ die Augen und fahr mit den Fingern über die Karten, bis sie auf einer liegen bleiben, die du herausziehst und betrachtest.

6. Notier dir deine unmittelbaren Reaktionen und Assoziationen. Welche Gedanken und Bilder löst die Karte bei dir aus? Wie fühlst du dich? Schreib alles auf, bevor du die Bedeutung der Karte nachschlägst.
7. Such dir dann in diesem Buch die Erklärung zu der von dir gezogenen Karte heraus, um mehr über sie zu erfahren.
8. Ergänze anschließend die folgenden Satzanfänge:

Meine heutige Karte ist ______________________
Von Bedeutung ist sie für mich, weil ___________
____

Was mich verwirrt, ist ______________________
Eventuell konzentriere ich mich zu sehr auf _____
____

Wahrscheinlich sollte ich auch daran denken, dass
____

Mein Bauch sagt mir, die Karte könnte auch bedeuten, dass ____________________________
Als Reaktion auf die Karte möchte ich heute ____
____

Zur Interpretation der Karten

Im Folgenden biete ich dir Interpretationsmöglichkeiten für alle Karten der Großen und Kleinen Arkana an. Das sind aber nur Vorschläge – und nichts in Stein Gemeißeltes. Welche neuen Gedanken gehen dir beim Lesen meiner Worte durch den Kopf? Schau dir die jeweilige Karte noch einmal an. Mach dir klar, dass sie eine Story aus deinem einzigartigen Leben erzählt. Die Erkenntnisse, die ich gewonnen habe, entstammen *meinem* Leben, deines aber unterscheidet sich davon. Welche Weisheiten und Erfahrungen bringst *du* mit an den Tisch?

Karten, die andere Personen darstellen

Dir wird auffallen, dass ich mich bei allen Interpretationen auf dich konzentriere. Das liegt daran, dass du die einzige Person bist, über deren Leben und Entscheidungen du die volle Kontrolle hast. Es ist immer klüger, Einsichten in das eigene Wesen zu gewinnen, als Vermutungen über Dritte anzustellen (die du eh nicht verändern kannst). Andererseits ist unser Leben immer auch mit dem anderer verwoben und der Tarot kann dir helfen, deren Verhaltens- und Denkmuster aus einer neuen Perspektive heraus zu betrachten. Wann immer du eine Karte gezogen hast, lohnt es sich also zu überlegen, wen sie sonst noch darstellen könnte. Aber mit Empathie und nicht wertend. Jede(r) von uns trägt Aspekte aller Karten in sich. Sodass dir Mitmenschen bei deinen persönlichen Lernprozessen durchaus als Spiegel dienen können.

Im Zweifelsfall ...

Bestimmte Karten jagen dir Angst ein? Mach dir klar, dass es im Tarot keine schlechten Karten gibt. In dem Maße, in dem du sie kennenlernst, findest du heraus, dass selbst so erschreckende Motive wie Tod oder Turm längst nicht so furchterregend oder unheilverheißend sind, wie du vielleicht denkst. Packt dich die Angst, dann atme tief durch und führ dir vor Augen, dass nichts passiert ist. Solltest du von gewissen Karten jedoch allzu sehr getriggert werden, so nimm sie vorübergehend aus dem Deck und arbeite so lange mit den restlichen, bis du dir zutraust, sie wieder hinzuzunehmen.

Orientierungshilfe und mehr Klarheit

Im Abschnitt über die Tageskarte habe ich vorgeschlagen, dir die Frage »Worüber möchte ich mir heute Klarheit verschaffen?« zu stellen, aber jede andere geht natürlich auch.

Zum Beispiel:

- Welche Erkenntnis könnte mir in meiner Situation helfen?
- Ich fühle mich [bitte ergänzen]. Was würde mir helfen, den Überblick über meine Lage zu gewinnen?

Erstell dir eine Liste mit Fragen, die du stellen kannst.

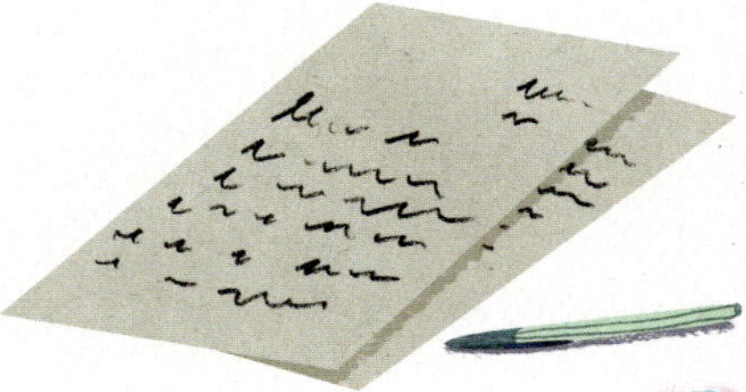

Wenn Karten auf dem Kopf stehen

Vielleicht hast du schon mal von »umgekehrten« Karten gehört. Damit ist gemeint, dass sie beim Auslegen oder Aufdecken auf dem Kopf stehen. Sind die Karten gut gemischt, kommt das oft vor. In manchen Tarotbüchern gibt es sogar ganze Zweitlisten mit den Bedeutungen derart umgekehrter Motive. Ob du versuchen solltest, dir diese auch einzuprägen?

Ganz wie du magst. Du kannst dir die umgekehrten Karten als Add-on zu deiner Tarotpraxis vorstellen: optional, aber nicht uninteressant.

Eine auf dem Kopf stehende Karte könnte etwa bedeuten:

- das direkte Gegenteil der normalen Interpretation: buchstäblich auf den Kopf gestellte Bilder oder Geschichten. Wie könnte dieses Gegenteil aussehen?
- Ein unerwartetes Element, das dich völlig aus der Fassung bringt.
- Dieser Karte begegnest du mit besonders viel Widerstand. Was müsstest du tun, damit die Karte in deinem Leben wieder »auf die Füße« kommen kann?
- Etwas ist nicht ganz so, wie es den Anschein hat, und bedarf intensiverer Betrachtung.

Für den Fall, dass du mit den Umkehrungen arbeiten möchtest, schlage ich dir für den Anfang pro Karte jeweils eine Frage vor, bitte dich aber, unbedingt auch auf deine Intuition zu hören. Welche düstere oder tiefer verborgene Wahrheit drängt darauf, deine Aufmerksamkeit zu erregen?

2: Die Großen Arkana

Diese starken Karten stehen für die größten, transformativsten Lektionen, die das Leben bietet. Wenn du diese 22 Karten der Reihe nach auf den Tisch legst und dir meine Kommentare durchliest, erkennst du womöglich eine lineare Entwicklung, eine Art Handlungsfaden. Die Großen Arkana beschreiben eine archetypische Suche wie die, die Joseph Campbell in *Der Heros in tausend Gestalten* beschreibt – eine Analyse der einzelnen Etappen der klassischen Heldenreise –, bei der Der *Narr* als jugendlich-frischer Protagonist durch die Tür tritt, um seine Erfahrungen zu machen.

Stell dir vor, dass der Narr eine Lektion nach der anderen erhält und mit jeder Karte wächst und reift. Der Narr ist natürlich jede(r) von uns und unser Lebensweg führt immer wieder von einer Etappe zur nächsten. Die ersten 22 Karten werden oft auch als Kreis empfunden: Die Enthüllungen der *Welt* dirigieren uns direkt zum Ausgangspunkt des Narren zurück, neu, weiser, verändert. Diesen Kreislauf male ich mir gern als Spirale aus, die mit jedem Schritt mehr in die Tiefe führt.

Ziehst du eine Karte der Großen Arkana, solltest du überlegen, an welchem Punkt dieses Wachstumszyklus du dich gerade befindest. Vielleicht symbolisiert sie die Lektion, die du jetzt am dringendsten benötigst und beherzigen musst, um frei zu werden, dein Leben weiterführen zu können.

0: Der Narr

Fang neu an.
Damit sich das Leben verändert und wir wachsen können, müssen wir bereit sein, wieder zu Anfängern zu werden. Dies bedeutet, notfalls das Risiko einzugehen, blöd dazustehen, zu scheitern oder einen Fehler zu machen. Anders aber bringen wir die Verhältnisse nie zum Tanzen. Auch bedeutet es, zu akzeptieren, dass du mit einem einzigen Satz nichts erreichen kannst. Du musst dich auf viele geduldige Schritte, auf Höhen und Tiefen einstellen. Die folgenden Karten zeigen, wie du die vor dir liegende Reise bewältigst. Der Narr steht für deinen ersten Schritt durch die Tür, für ein kommendes Abenteuer. Freu dich über die Chance eines Neuanfangs.
Schlüsselbegriffe: Anfänge, Risiko, kindlicher Optimismus, Spontaneität, Vertrauen, Wagnis, Abenteuer, Möglichkeit.
Die Frage der umgekehrten Karte: »Was versuche ich durch die Blockade, in der ich mich aktuell befinde, zu vermeiden?«

I: Der Magier

Nutze alles, was du hast.
Ein anderes Wort für Magier ist »Alchemist«; der steht für tiefgreifende Kreativität, die produktive Umwandlung von Rohmaterial. Der Magier verfügt über alle Instrumente des Tarots – Gedanken, Gefühle, Energie, harte Arbeit – und weiß, dass sie in ihrer Gesamtheit Enormes bewirken können.
Rechne heute nicht damit, dass das Leben dir gibt, was du dir wünschst. Schaffe es dir selbst herbei. Schau, was dir zugänglich ist. Wahre Kreativität bedeutet, erfinderisch mit allem zu arbeiten, was du zur Verfügung hast, dich selbst eingeschlossen. Mit hinreichend Geduld, Konzentration und Lust am Experimentieren ist alles möglich.
Schlüsselbegriffe: Tun, Pragmatismus, Einfallsreichtum, Kreativität, Kraft, Autonomie, Manifestation, Fokus, Alchemie, Problemlösung.
Die Frage der umgekehrten Karte: »Ich sage ja wahrscheinlich das Richtige und ziehe auch eine ganz gute Show ab, *tue* ich aber auch wirklich etwas?«

2: Die Hohepriesterin

Gib Raum und hör zu.
Was bedeutet eigentlich »richtig zuhören«? Oft quasseln wir viel, bewegen Mund und Körper aber nur, um nicht zu verschwinden. Wir versuchen, die Leere unseres Lebens mit dem eigenen Geplapper zu füllen. Sind wir jedoch einmal bewusst still, schaffen wir Raum. Und geben uns die Chance, die leisere Stimme der Intuition zu vernehmen, die Weisheit der Lehrer, die mysteriösen Botschaften der Natur. Was geschieht, wenn du akzeptierst, dass du nicht alle Antworten kennst? Wenn du dich mal nicht beeilst, jeden freien Raum sofort zu füllen? Sei still. Hör auf alles, was hochkommt, sobald du innehältst.

Schlüsselbegriffe: Weisheit, Intuition, Authentizität, Einsamkeit, Schweigen, Mysterium, Meditation, Stille, Geduld, Führung.
Die Frage der umgekehrten Karte: »Was weigere ich mich zu tun, obwohl ich im Grunde genau weiß, dass es richtig wäre?«

3: Die Herrscherin

Sei in deinem Körper.
Ständig werden wir aufgefordert, im Kopf zu leben, zu denken, zu planen, zu bewerten. Alles unterhalb des Halses gilt als zweitrangig, abzulehnen oder im Zaum zu halten. Wenn wir auf unseren Körper achten, ihn sich so frei bewegen und empfinden lassen, wie er ist, bekommen wir Zugang zu kreativer Lebenskraft.
Spür heute deine Füße auf dem Boden. Verbringe Zeit in der Natur. Verbinde dich mit deiner Sinnlichkeit, deinen Instinkten.
Überleg dir, was es heißt, wild zu sein. Wie würdest du dich ändern, wenn du so leben könntest? Ganz in deinem Körper, so unvollkommen er auch sein mag?
Schlüsselbegriffe: Natur, Eigenliebe, Sinnlichkeit, Kreativität, Selbstausdruck, Verbundenheit, Mitgefühl, Vergnügen, Freiheit.
Die Frage der umgekehrten Karte: »Würde ich dafür nicht be- oder verurteilt werden, würde ich gern …«

4: Der Herrscher

Übernimm das Kommando. Autorität ist alles andere als bequem. Doch manchmal müssen wir nun einmal vortreten, unser Leben in die Hand nehmen und Entscheidungen fällen, die auch andere betreffen. Zu solchen Momenten kommt es, wenn viel auf dem Spiel steht. Dann sind wir aber oft noch nicht bereit. Und doch müssen wir in dieser Situation stark sein und voller Überzeugung das Wort ergreifen. Ja, vielleicht hast du Angst. Und ja, es kann zu einem Konflikt kommen. Autorität jedoch bedeutet, weise und mutig genug zu sein, um trotz allem zu handeln. Du kannst all diese Gefühle haben und dennoch das Richtige tun.

Schlüsselbegriffe: Kraft, Kontrolle, Verantwortung, Selbstwert, Leadership, Wahrheit, Mut, Empowerment, Durchsetzungsvermögen, Action.

Die Frage der umgekehrten Karte: »Was kann mir helfen, aus meiner Opferhaltung herauszukommen?«

5: Der Hierophant

Stell die großen Fragen.
Der Hierophant bringt zwei Einladungen mit. Die erste besteht darin, den Einflüssen nachzugehen, die dich, deine Überzeugungen und Werte geprägt haben. Wessen Regeln befolgst du und bei was machst du mit? Verbindet dich das enger mit der Welt und anderen – oder isoliert es dich eher? Bei der zweiten Einladung geht es darum, den Vermittler auszuschalten. Vielleicht kannst du dich ja *direkt* für etwas Größeres öffnen. Was bedeutet es, zu akzeptieren, dass du nicht die höchste Macht im Universum bist? Wie wäre es, dieses »Größere« zu erkunden? Was könnte es dich lehren?
Schlüsselbegriffe: Einflüsse, Überzeugungen, Learnings, Tradition, Religion, Ideologie, Konformität, Göttlichkeit, Glauben, Spiritualität.
Die Frage der umgekehrten Karte: »Inwiefern wird mein Umgang mit anderen Menschen von meinen Überzeugungen beeinflusst?«

6: Die Liebenden

Erkunde liebevolle Verhaltensweisen.
Liebe ist eine Wahl, die wir fortwährend neu treffen müssen. Täglich entscheiden wir Dinge aufgrund alter Dynamiken und Überzeugungen, die mitunter noch aus der Kindheit stammen. So halten wir alte Muster aufrecht. Nimm diese Karte als Aufforderung, deine Beziehungen zu betrachten. Reagierst du immer gleich und fragst dich, warum sich nie etwas ändert? Oder sabotierst, betrügst, fantasierst oder flüchtest du gewöhnlich, um dich nicht auf das wahre Leben einlassen zu müssen? Jetzt kannst du dich für Liebe und Fürsorge entscheiden – und gegen deine alten Verhaltensmuster.
Schlüsselbegriffe: Beziehungen, Liebe, Gefühl, Wahl, Verbundenheit, Engagement, Anziehung, Chemie, Kommunikation.

Die Frage der umgekehrten Karte: »Liebe ich wirklich oder will ich nur meinen Willen durchsetzen?«

7: Der Wagen

Steh zu deiner persönlichen Macht.
Sprechen wir über Willenskraft. Das Gelassenheitsgebet lautet: »Gib mir die Gelassenheit, Dinge hinzunehmen, die ich nicht ändern kann, den Mut, Dinge zu ändern, die ich ändern kann, und die Weisheit, das eine vom anderen zu unterscheiden.« Das ist der Wagen. Treibt uns das Leben vor sich her, kann uns die Willenskraft zu einer »Kurskorrektur« befähigen und der Erfüllung unserer Wünsche näherbringen. Sie kann aber auch eine Quelle für Frust und Energieverschwendung sein. Denn nicht alles lässt sich kontrollieren. Wann wäre es heute klug, deiner Willenskraft die Sporen zu geben, und wann lässt du besser los?
Schlüsselbegriffe: Willenskraft, Kontrolle, Kraft, Bewegung, Veränderung, Triumph, Mumm, Weisheit, Stärke, Meisterschaft.
Die Frage der umgekehrten Karte: »An welchen Hindernissen hole ich mir immer wieder eine blutige Nase?«

8: Die Kraft

Sorg dafür, dass du dich sicher fühlst.
Wir alle haben Impulse und Verhaltensweisen, die mitunter für Probleme sorgen. Mit Gewalt hat wahre Kraft nichts zu tun. Sie stellt eine viel weichere, weisere Art des Eigenmanagements dar. Dabei geht es darum, das Richtige zu tun, sich seiner selbst anzunehmen, die Wirkung des eigenen Wohlergehens auf andere zu kennen und alles zu unterlassen, was einem schadet.
Dir das Leben schwer zu machen, bringt nichts. Zu Veränderungen kann es nur kommen, wenn wir uns sicher fühlen. Und deine Aufgabe ist es jetzt, liebevoll mit dir umzugehen, damit du dich trauen kannst, bessere Entscheidungen zu treffen.
Schlüsselbegriffe: Gewaltlosigkeit, Selbstmitgefühl, Heilung, Geduld, Sanftheit, Feingefühl, Akzeptanz, Verantwortung, Sicherheit, Liebe.
Die Frage der umgekehrten Karte: »Inwiefern rede ich mir ein, immer noch nicht gut genug zu sein?«

9: Der Eremit

Mach das Beste aus deiner Einsamkeit.
Alleinsein kann sich wie Bestrafung oder Zurückweisung anfühlen. Vielleicht hüllst du dich aber auch in Einsamkeit, um nichts und niemanden an dich ranzulassen. Der Eremit steht für ein anderes Verständnis vom Alleinsein: Rückzug nicht als Strafe oder Vermeidung, sondern als etwas tiefgreifend Fruchtbares. Begib dich heute in die Einsamkeit, um das Bohei des Alltags hinter dir zu lassen und deinen Geist zur Ruhe zu bringen. Halt dich an die Dinge, die dir die Kraft geben, intensiv hinzuschauen, zu spüren und zu lernen. Hier ist ein Durchbruch möglich.
Schlüsselbegriffe: Innenschau, Einsamkeit, innere Weisheit, Studium, Einsicht, Rückzug, Fokus, Wahrheit, Meditation.
Die Frage der umgekehrten Karte: »Welchen Gefühlen versuche ich auszuweichen?«

10: Das Rad des Schicksals

Mach weiter.
Wir lieben das Leben, wenn alles gut läuft, und hassen es, wenn nicht. Das Rad des Schicksals erinnert uns daran, dass alles ein endloser Kreislauf ist, so natürlich wie der Zyklus der Jahreszeiten. Zu Veränderungen kommt es, ob du dagegen ankämpfst oder nicht. Warum setzt du deine Energie also nicht für anderes ein? Angesichts des ständigen Gezeitenwechsels im Leben kannst du die Dinge, die dir am Herzen liegen, einfach weitermachen, an guten wie an schlechten Tagen. Vertrau darauf, dass sich das Rad immer weiterdreht und irgendwann alles in Ordnung kommt. Bis es so weit ist, bleib in deiner Kraft und arbeite mit allem weiter, was dir zur Verfügung steht.
Schlüsselbegriffe: Jahreszeiten, Veränderung, Zeit, Glück, Widerstandskraft, Vertrauen, Positivität, Flexibilität, Unbeständigkeit.
Die Frage der umgekehrten Karte: »Was könnte ich heute tun, um mein Schicksal positiv zu beeinflussen?«

11: Die Gerechtigkeit

Streb Gutes an.
Gerechtigkeit ist ein schwieriges Wort. Wie wäre es stattdessen mit Gleichgewicht? Das Leben wird von Mustern und Energien durchzogen, die nur schwer zu erkennen sind. Wir tun A und B passiert, während jemand anders C tut und D bewirkt. Wie zeigen sich Ursache und Wirkung gerade in deinem Leben? Ob es uns gefällt oder nicht: Alles, was wir tun und sagen, löst Folgen und Reaktionen aus. Aber was auch geschieht: Du kannst dein Verhalten jederzeit ändern und so ein neues Muster erzeugen. Wir alle haben die Macht, die Welt zum Besseren zu verändern. Oder zum Schlechteren.
Schlüsselbegriffe: Entscheidungen, Karma, Macht, Verantwortung, Fairness, Moral, Gleichgewicht, Folgen, Werte.
Die Frage der umgekehrten Karte: »Was kann ich Vernünftiges tun, statt Vorwürfe auszusprechen oder mich zu beschweren?«

12: Der Gehängte

Erst mal einfach abwarten. Manchmal ist es das Beste, einfach abzuwarten. Sich gefangen zu fühlen, tut weh, oft aber brauchen die Dinge nur Zeit, um wieder ins Lot zu kommen. Warten ist unangenehm. Instinktiv spannst du dich an, willst reagieren, intervenieren, um dich nicht mehr so elend zu fühlen. Doch jetzt geht es darum, ruhig zu bleiben, nichts zu tun, Gedanken und Gefühle einfach auszuhalten. Achte heute darauf, wie du dich fühlst, auf das Kommen und Gehen der Gedanken, auf jede körperliche Anspannung. Atme dich da durch. Und warte einfach ab. Vertrau darauf, dass alles gut wird.

Schlüsselbegriffe: Ruhe, Durchhalten, Akzeptanz, Geduld, Kapitulation, Ausruhen, Einschränkung, Stille, Unbehagen, Stillstand.

Die Frage der umgekehrten Karte: »Ist Veränderung hier überhaupt möglich? Was ist Geduld, was Verleugnung?«

13: Der Tod

Erneuere dich.
Dass der Tod das Ende ist, weiß jedes Kind. Doch diese Karte lehrt uns eine tiefergreifende Wahrheit: dass wir alle wiederholt unsere Form wechseln. Unsere Existenz ist ständig in Bewegung und nichts bleibt länger beim Alten. Was ändert sich für dich gerade? Vielleicht empfindest du momentan Trauer, Befreiung, Entsetzen, Schock, Panik? All das hat seine Berechtigung. Und solche Empfindungen lassen sich nicht auf die Schnelle transformieren. Mach dir einfach klar, was du loslassen musst. Und sobald du bereit bist, versuch dich sanft für deine mögliche nächste Form zu öffnen. Denk nur an die Raupen und Schmetterlinge.
Schlüsselbegriffe: Veränderung, Erneuerung, Verlust, Ende, Anfänge, Widerstand, Freiheit, Loslassen, Transformation.
Die Frage der umgekehrten Karte: »An welche Idee oder Erinnerung klammere ich mich?«

14: Die Mäßigkeit

Entscheide dich für den mittleren Weg.
Durch unser ewiges In-Extremen-Denken (gut/schlecht, alles/nichts, dies/nicht das) blockieren wir uns nur selbst. Das kann dazu führen, dass wir voreingenommen sind, uns machtlos fühlen oder von bestimmten Menschen isolieren. Er sollte … Ich kann nicht … Nie ist sie … Welche starken Aussagen dieser Art triffst du? Stell dir diese Karte als eine Art Weichspüler vor, als den mittleren zwischen zwei extremen Wegen. Was, wenn gar nicht alles so absolut ist, wie du denkst? Vielleicht solltest du jetzt mit neuen Verhaltensweisen experimentieren, die offener und aufgeklärter, ganzheitlicher sind.
Schlüsselbegriffe: Balance, Fairness, Wertfreiheit, Mitgefühl, Demut, Mäßigung, Geduld, Heilung, Frieden schließen, Kompromiss.
Die Frage der umgekehrten Karte: »An welchem Punkt bin ich der festen Überzeugung, recht zu haben?«

15: Der Teufel

Nimm wahr, was dich im Griff hat.
Auch wenn sie uns nicht guttun: Wir alle hängen an unseren Gewohnheiten, Überzeugungen, Süchten oder Obsessionen. Doch dummerweise sind gerade die Dinge, die sich am tröstlichsten anfühlen, oft am wenigsten hilfreich. Die Feststellung, dass wir Gefangene unserer eigenen Gedanken- und Verhaltensmuster oder auch Bewältigungsstrategien sind, fällt schwer. Aber da draußen wartet eine ganz neue Welt auf uns. Denkst, reagierst und verhältst du dich wie die Person, die du am liebsten wärst? Der Rest deines Lebens steckt noch voller Möglichkeiten. Nimm sie wahr. Lass dir zeigen, wie du lernen kannst, Veränderungen in Angriff zu nehmen. Heute noch!
Schlüsselbegriffe: Sucht, Selbsttäuschung und -sabotage, Passivität, Selbstzerstörung, Opferhaltung, Abhängigkeit, Befreiung.
Die Frage der umgekehrten Karte: »In welche Ausreden flüchte ich mich immer wieder?«

16: Der Turm

Vertrau dem Wandel.
Veränderung macht Angst. Weil wir wissen, dass sie uns hinterrücks den Boden unter den Füßen wegziehen kann. Diese Karte aber verkündet kein Unheil. Sondern soll dich anregen, zu gucken, wie viel Angst du vor dem Ungewissen hast. Furcht resultiert oft aus dem Gefühl, es gäbe nur eine einzige Möglichkeit und alles andere wäre eine Katastrophe. Was aber, wenn das gar nicht stimmt? Wenn der Turm dich in Wahrheit nur um Vertrauen bittet? Vielleicht läuft dein Leben anders als gedacht. Es kann aber trotzdem völlig in Ordnung sein. Magst du versuchen, dich mit diesem Gedanken anzufreunden?
Schlüsselbegriffe: Aufruhr, Ungewissheit, Vertrauen, Möglichkeit, Enthüllung, Schwarzmalerei, Annahmen, Hoffnung, Durchbruch.
Die Frage der umgekehrten Karte: »Welche Märchen von der Zukunft tische ich mir immer wieder auf?«

17: Der Stern

Such nach Inspiration.
Wünsche und Ziele zu haben, bedeutet, hoffnungsvoll zu sein. Auf ödem Boden aber wächst keine Hoffnung. Wenn wir die Hoffnung verlieren, uns leer und uninspiriert fühlen, müssen wir nach Dingen suchen, die unseren Optimismus nähren können. Der Stern steht für alles, was uns neue Hoffnung, Inspiration und einen Kreativitätsschub geben kann. Was brauchst du, um wieder träumen zu können? Einen Szenenwechsel? Eine neue Tätigkeit? Such nach allem, was dir Input gibt und dich inspiriert.
Schlüsselbegriffe: Inspiration, Hoffnung, Erneuerung, Kreativität, Träume, Energie, Bedeutung, Sinn, Motivation.
Die Frage der umgekehrten Karte: »Was verneine ich immerzu? Und was wäre, wenn ich mal Ja dazu sagen würde?«

18: Der Mond

Akzeptiere, dass du nicht alles weißt. Beim besten Willen kann nicht alles voll verstanden und rational erklärt werden. Denn alles hat seine heimliche, mysteriöse Seite, wir Menschen eingeschlossen. Im Sog dieses tiefen Quells beunruhigender Gefühle, Gedanken und Energien fühlen wir uns oft durcheinander, sind ungestüm, empfinden vielleicht sogar Angst. Doch könntest du das Unwissbare, statt es als Feind zu betrachten, den es zu fürchten, zu bekämpfen oder niederzuringen gilt, nicht auch als Verbündeten ansehen? Was, wenn du dich entspannen und der Erkenntnis öffnen würdest, dass alles etwas Geheimnisvolles an sich hat? Lass von deinem Bedürfnis ab, vorschnelle Schlüsse zu ziehen, alles definieren oder erklären zu wollen, und schau einfach, was geschieht, welche Veränderungen sich einstellen.

Schlüsselbegriffe: Ängste, Geheimnisse, Instinkt, Gedanken, Angst, Verwirrung, Unterdrückung, Projektion, Träume.

Die Frage der umgekehrten Karte: »Vor welcher Wahrheit fürchte ich mich?«

19: Die Sonne

Freu dich!
Freude zu empfinden, muss man üben. Wenn wir nicht aufpassen, können zynische oder negative Gedankenmuster, Ängste oder ständiges Streben nach Mehr dafür sorgen, dass wir uns über all das Schöne direkt vor unserer Nase nicht mehr freuen können. Damit die Freude uns finden kann, müssen wir nach Wegen suchen, die Dinge so zu begrüßen, wie sie sind. Das beginnt damit, dass wir uns und unser Drumherum mit guter Laune betrachten – »Alles prima!« Dann guck mal, was da noch alles ist. Egal, wie wir uns fühlen, Vergnügliches, Schönes, Spielerisches können wir immer genießen. Und das Beste: Wenn du die Sonnenenergie an dich heranlässt, strahlst du sie mit der Zeit auch aus. Fröhliche Menschen sind ein Geschenk an die Welt.
Schlüsselbegriffe: Freude, Action, Vitalität, Energie, Dankbarkeit, Spiel, Optimismus, Positivität, Feste.
Die Frage der umgekehrten Karte: »Welche Dinge führen immer wieder dazu, dass ich schlecht drauf bin?«

20: Das Gericht

Versuch's mal mit einer neuen Einstellung.

An dieser Karte überrascht, dass es bei ihr um Wiederauferstehung geht. Um einen Neustart. Und die einzige Person, die dich momentan beurteilt und davon abhält, ein neues Leben zu beginnen, bist du! Selbstkritik ist das größte Hemmnis für unser Wachstum. Wiederholen wir ständig die Botschaft, nicht gut genug zu sein, entgehen uns letztlich die Chancen, die unser Leben verändern können. Das Gericht fordert dich zu ehrlicher Selbstbetrachtung auf. Sind diese ganzen »Fakten« über dich wirklich wahr oder doch nur alte Geschichten? Sollte Letzteres der Fall sein, wäre es vielleicht an der Zeit, eine neue Story zu schreiben?

Schlüsselbegriffe: Aufrichtigkeit dir selbst gegenüber, Veränderung, Wiedergeburt, Wachstum, Heilung, Transformation, Selbsthilfe, Innenschau, Action.

Die Frage der umgekehrten Karte: »An welchem Punkt verhalte ich mich besonders defensiv? Und welche Angst verbirgt sich dahinter?«

21: Die Welt

Werde dir der größeren Zusammenhänge bewusst. Andere Karten helfen uns, einzelne Fäden aus dem Gewebe zu ziehen, um sie zu betrachten. Die Welt aber ist der Stoff: alle Wahrheiten, die gesamte Existenz, alles und alles gleichzeitig. Versuch heute, einen Blick auf das großartige Gesamtbild zu werfen. Schau, wo du bist, wie weit du es bereits gebracht hast und was du noch zu lernen hast. Akzeptiere alles und freu dich darüber. In dir spiegelt sich die Geschichte des gesamten Universums. Sieh zu, dass dein Geist und Herz nicht weniger groß sind als dieses. »Und da ist sogar noch vieles, was sich meinen Blicken entzieht.« Sag diesen Satz voller Erleichterung. Voller freudiger Erregung. Das Leben ist so vielfältig. Und wunderbar.

Schlüsselbegriffe: Ganzheit, Perspektive, Ausdehnung, Komplexität, Vollendung, Feier, Weisheit, Nicht-Dualität, Frieden.

Die Frage der umgekehrten Karte: »Welche Dinge fühlen sich für mich richtig an, obwohl sie einander widersprechen?«

3: Die Kleinen Arkana

Die Karten der Kleinen Arkana zeigen unseren Alltagskram: den Stress, die Aktivitäten, Höhepunkte und Sorgen, die sich wie Ebbe und Flut durch unser Leben ziehen. Diese Karten sind strukturierter als die Großen Arkana; sie bestehen aus vier Farben – Kelche, Stäbe, Schwerter und Münzen –, von denen jede einen bestimmten praktischen Aspekt dessen repräsentiert, was das Menschsein ausmacht.

Die Kelche stehen für unsere Gefühle und Emotionen – was sie uns sagen, wie sie uns inspirieren und unser Denken und Verhalten beeinflussen.

Bei den Stäben dreht sich alles um unsere Energie – die Antriebskraft, die uns animiert, Träume zu verwirklichen und dem Ruf unserer Seele zu folgen.

Die Schwerter symbolisieren unsere Geisteskraft, Gedanken, Ideen und Überzeugungen. Sie können uns sowohl stärken als auch verletzen.

Die Münzen repräsentieren unser reales Verhalten, unsere Gewohnheiten, Arbeit, Entscheidungen – unsere Identität.

Die Zahl auf den Karten ist ebenfalls von Bedeutung:

Die **Asse** *initiieren einen Neuanfang.*
Bei den **Zweien** *geht es um Entscheidungen und Partnerschaften.*
Die **Dreien** *repräsentieren unser sicheres Fundament.*
Die Vieren *zeigen Strukturen, die uns fesseln oder befreien können.*
Die **Fünfen** *spiegeln Herausforderungen und Konflikte.*
Die **Sechsen** *stehen für Wachstum durch Liebe.*
Die **Siebenen** *zeigen unsere Resilienz im Alltagsleben.*
Die **Achten** *fordern zu Reflexion und Engagement auf.*
Die **Neunen** *verkörpern unsere Wünsche und Abneigungen.*
Die **Zehnen** *verweisen auf Höhepunkte und Enthüllungen, die Neuanfänge begünstigen.*

Schließlich hat jede Farbe auch vier Hofkarten, die auf bestimmte Hauptcharakteristika der Farbe hinweisen:

Die **Buben** *sind gewissenhafte Anfänger, die noch lernen.*
Die **Ritter** *wollen Dinge bewegen und voranbringen.*
Die **Königinnen** *haben gelernt, selbstbewusst, weise und mitfühlend zu sein.*
Die **Könige** *wissen, wie man Weisheit in Aktion umsetzt.*

Greif bei der Interpretation der Karten immer auch auf diese zusätzlichen Geheimbotschaften zurück.

Kelche

Ass der Kelche: Füll deinen Kelch nach

Wir können immer wieder von vorn anfangen. Heute hast du eine neue Chance, dein bestes Ich zu werden und deinen »Kelch« mit viel Schönem »nachzufüllen«. Wie kannst du dich mehr für das Leben öffnen? Schau, was du alles zu- oder auch loslassen kannst. So kannst du etwa bewusst friedvoll und unbeschwert sein und dich von Dingen berühren oder erfreuen lassen. Das hat etwas Heiliges und Heilendes an sich. Wie weit offene Arme und Lachen, leichtfüßige Freude.
Schlüsselbegriffe: Auftakt, Freude, Flow, Liebe, Nährendes.

Zwei der Kelche: Gründe deine Liebe in Wahrheit

Wir hoffen, dass jemand rundum Ja zu uns sagt und wir dieses Ja von Herzen erwidern können. Probleme entstehen, wenn wir Gefühle für eine Person entwickeln, die *so* gar nicht existiert. Oft haben wir ein verzerrtes Bild im Kopf und sehen nur, was wir uns wünschen. Die Aufgabe besteht darin, die Menschen in deinem Leben zu sehen, wie sie wirklich sind und ihnen dein authentisches Ich zu zeigen. Liebe beruht auf Wahrheit. Und einer solchen Liebe kannst du vertrauen.
Schlüsselbegriffe: Verbundenheit, Verletzlichkeit, Partnerschaft, Ehrlichkeit.

Drei der Kelche: Teile die Freude

Im Stress wenden wir uns anderen oft nur zu, um unseren Kummer mit ihnen zu teilen. Diese Karte lädt dich ein, wieder mehr Leichtigkeit in deine Gespräche zu bringen. Feiert alles, was gut läuft! Nimm die Menschen, die du liebst, heute richtig wahr und belebe die Zuneigung neu, die du für sie empfindest. Was verbindet euch? Könntest du dir dafür mehr Zeit nehmen? So bringen wir in uns und anderen das Beste hervor: indem wir uns auf alles Gute, Freudvolle und Schöne konzentrieren.
Schlüsselbegriffe: Freundschaft, Feiern, Zuneigung, Gemeinschaft, Spaß.

Vier der Kelche: Schau, was dir geboten wird

Oft verlieren wir uns in Gefühlen oder versuchen so sehr, unseren Willen durchzusetzen, dass uns das direkt vor uns Liegende entgeht. Die Welt um uns herum bietet uns viele gute Chancen, die die Geschichte, an der du dich abarbeitest, vollkommen verändern könnten. Kannst du dich ihnen öffnen und annehmen, was dir geboten wird? Auch wenn es vielleicht bedeutet, dass du dir helfen lassen, Verantwortung übernehmen oder dir eingestehen musst, dich getäuscht zu haben. Was könntest du aufgreifen, statt nur dazusitzen und zu leiden?
Schlüsselbegriffe: Missmut, Teilnahmslosigkeit, Grübelei, Negativität, Ausreden.

Fünf der Kelche: Halt dich an das, was bleibt

Verluste sind extrem schwer zu ertragen. Wenn etwas wirklich zu Ende ist, lässt sich daran nichts ändern. Dann versagen unsere gewohnten Strategien der Problemlösung und wir können nur warten, dass der Schmerz nachlässt. Wir verlieren liebe Menschen, werden alt oder krank und unser Leben verändert sich womöglich, bevor wir bereit sind. Siehst du die beiden Kelche hinter dir? Nicht alles ist verloren. Vielleicht bist du noch nicht so weit, dich den Dingen zuzuwenden, die hinter dem Vorhang liegen, mach dir aber bitte klar, dass da noch etwas ist.
Schlüsselbegriffe: Verlust, Enttäuschung, Herzschmerz, Pessimismus, Reue.

Sechs der Kelche: Schau in Liebe zurück

Oft gehen wir hart mit unserem jüngeren Ich ins Gericht und wünschen uns, alles wäre anders gewesen. Diese Karte lädt dich ein, die Rolle der liebevollsten Person einzunehmen, die du dir vorstellen kannst, und deine Vergangenheit aus deren Perspektive zu betrachten – ohne Groll oder Reue. Was nimmst du an Positivem wahr? Die Vergangenheit enthält eine Vielzahl vergessener Schätze. Sei bereit, Schmerz und Enttäuschung hintanzustellen, um diese kostbaren Geschenke anzunehmen und weiterzugeben.
Schlüsselbegriffe: Vergebung, Mitgefühl, Positivität.

Sieben der Kelche: Bleib in der Wirklichkeit verwurzelt

Das Denken kann eine echte Falle sein. Vorstellen lässt sich alles, was wir uns wünschen; mental können wir uns in den höchsten Tönen loben, um uns gut zu fühlen, oder uns nur auf Negatives konzentrieren. Das sind alles Illusionen. Um zu bekommen, was du brauchst, musst du in die Wirklichkeit zurückkommen. Hab den Mut, nach der Wahrheit zu suchen. Erkenne heute, dass Fantasien nur Gedanken sind – und dass auch Negatives oft nur ausgedacht ist. Ein Leben, das sich allein im Kopf abspielt, ist keines.
Schlüsselbegriffe: Illusion, Voreingenommenheit, Stagnation, Vermeidung, Mut, Vertrauen.

Acht der Kelche: Hab Vertrauen und ändere den Kurs

Sich von etwas abzuwenden, an dem wir hängen, erfordert Mut. Insgeheim wissen wir es, wenn uns eine Situation nicht guttut; verspricht sie jedoch etwas Tröstliches, kommen wir schnell in Versuchung, uns darauf einzulassen und unsere Bedürfnisse zu ignorieren. In deinem Leben fehlt dir etwas? Lässt du alles beim Alten, findest du es nie. Den fehlenden Kelch zu suchen, bedeutet loszumarschieren – ins Ungewisse. Blöd, ja! Aber besser als ewig im alten Leben festzuhängen.
Schlüsselbegriffe: Passivität, Vermeidung, Mut.

Neun der Kelche: Finde heraus, was sich echt gut anfühlt

Bist du auf die richtigen Dinge aus? Glücklich wollen wir alle sein, um uns aber richtig freuen zu können, müssen wir wissen, was wir wollen. Vorher wirst du eine gewisse Leere empfinden. Such jetzt bewusst nach den – kleinen und großen – Dingen, die dich täglich glücklich machen. Worin dein Glück wirklich besteht, stellt womöglich eine Überraschung für dich dar. Die größte Chance, zufrieden zu sein, hast du, wenn es dir gelingt, Herz, Kopf und Verhalten in Einklang zu bringen.
Schlüsselbegriffe: Zufriedenheit, Frieden, Glück, Erfüllung, Wertschätzung.

Zehn der Kelche: Genieß dein gegenwärtiges Sein

Zufriedenheit assoziieren wir oft mit einem »Sobald«-Szenarium: »Sobald ich das habe oder fühle, bin ich glücklich.« Diese Karte hinterfragt die Mär vom »Glücklich bis ans Lebensende«. Was, wenn ein gutes Leben nichts anderes hieße, als den Moment zu genießen? Inneren Frieden können wir empfinden, wenn wir uns und unsere Gefühle akzeptieren und voller Wertschätzung auf den Status quo gucken. Heute verabschiedest du dich von der Vorstellung, »etwas erreichen« zu wollen. Und verwurzelst dich im Hier und Jetzt.
Schlüsselbegriffe: Dankbarkeit, Positivität, Zufriedenheit, Ganzheit, Akzeptanz.

Bube der Kelche: Öffne dich dem Möglichen

Man stumpft leicht ab, reduziert alles auf schlechte Nachrichten oder sagt: »Ja, aber …«. Doch wenn wir uns von der Bereitschaft abschneiden, uns überraschen zu lassen, schneiden wir uns auch von unserer Kreativität und der Fähigkeit ab, inspiriert zu werden. Verbinde dich heute mit dem kindlichen Optimismus in dir, der noch an Magie glaubt und bereit ist hinzuzulernen. Alles ist möglich.
Schlüsselbegriffe: Neugier, Kreativität, Offenheit, Inspiration, Feingefühl.

Ritter der Kelche: Schau, was dir guttut

Vielleicht bist du hin und weg von einer bestimmten Person oder fühlst dich von allem angezogen, was dich die Vorsicht in den Wind schießen lässt. Hin und wieder müssen wir uns mal vergessen, um aus dem Alltagstrott auszubrechen; diese Karte aber mahnt auch zur Vorsicht. Gutes entsteht nicht aus flüchtigen Gefühlen, sondern aus aufrichtigem Handeln. Das trifft auf alles zu, in das du dich verguckst. Sieh zu, dass deine Schwärmerei in der Wirklichkeit verankert ist, und such nach Beweisen dafür, dass sie dir guttut. So merkst du, ob sich das Risiko lohnt.
Schlüsselbegriffe: Schwärmerei, Leidenschaft, Fantasie, Vergnügungssucht, Risiko.

Königin der Kelche: Bekenn dich zu deinen Gefühlen

In unserer Kultur werden Leute, die als »zu sensibel« gelten, oft verspottet. Diese Karte jedoch zeigt: Zu unseren wahren Gefühlen zu stehen, gibt uns Stärke. Das Empfinden tiefer Gefühle verbindet uns mit der Umwelt und ermöglicht es uns, auf sie zu reagieren. So können wir zu einer verlässlichen Quelle des Mitgefühls für uns und andere werden. Wie könntest du heute versuchen, dir deiner großen Gefühle bewusst zu werden? Aufschreiben ist eine gute Möglichkeit. Konzentriere dich auf die Frage, was du empfindest und was dieses Gefühl dir sagen will. Wisse: Die Emotionen anderer musst du nicht übernehmen.
Schlüsselbegriffe: Emotion, Mitgefühl, Fürsorge, Stärke, Verbundenheit.

König der Kelche: Steh zur Wahrheit deiner Gefühle

Sobald wir gelernt haben, unsere Emotionen zu spüren, ohne uns von ihnen hinreißen zu lassen, können wir überlegen, was wir mit ihnen anstellen wollen. Mach dir heute klar, dass wir Emotionen nicht fürchten müssen, sondern dass sie Teil unserer Weisheit sind. Schau dich nach Gelegenheiten um, deine tiefen Gefühle kreativ auszudrücken: malend, dichtend, schreibend, lehrend oder auch in einer Führungsrolle. Indem du deiner emotionalen Wahrheit zuverlässig und aufrichtig Ausdruck verleihst, kannst du anderen helfen, ihr Bild von sich und der Welt zu verändern. Und Menschen, die dazu fähig sind, kann es nicht genug geben.

Schlüsselbegriffe: Kreativität, Selbstausdruck, Erdung, Einfluss, Weisheit.

Stäbe

Ass der Stäbe: Lass diesen Funken glühen

Du strahlst etwas Neues aus. Eine Idee? Eine wachsende Leidenschaft oder zunehmende Überzeugung? Ein »Vielleicht könnte ich ja«-Ziel oder einen Traum? Die Karte ermutigt dich, diesen Impetus ernst zu nehmen. Vielleicht ist er noch ein winziger Funke. Doch wenn du dieser Energie deine Aufmerksamkeit schenkst, kann aus ihr etwas Lebensveränderndes erwachsen. Als Erstes möchtest du vielleicht einen Plan machen, recherchieren, Zeit aufwenden. Engagier dich. Denn hier nimmt etwas sehr Wichtiges seinen Anfang.
Schlüsselbegriffe: Inspiration, Ideen, Potenzial, Berufung, Funke.

Zwei der Stäbe: Entscheide und werde aktiv

Hast du eine Wahl zu treffen? Zögerst du aus Angst, dich falsch zu entscheiden? Ein Scheitern musst du nicht fürchten. Viel schlimmer ist es, nur halbherzig dahinzuvegetieren. Du bist desillusioniert und vom Leben enttäuscht? Dann sieh darin die Chance, endlich aufzuwachen. Hast du Flausen im Kopf? Was kannst du lernen, wenn du den Tatsachen ins Auge siehst? Vielleicht erfährst du so, was du als Nächstes tun solltest.
Schlüsselbegriffe: Entscheidungen, Zweifel, Optionen, Entschiedenheit, Action

Drei der Stäbe: Nutz das Potenzial

Den Dreien ist etwas Stabiles eigen. Du stehst auf festem Boden. In deinem Leben gibt es viel Gutes. Was fühlst du? Eine Art Hunger? Nichts spricht dagegen, mehr zu wollen. Abenteuerlust und das Streben nach Wachstum sind Teil unseres Menschseins. Allerdings blockieren wir uns oft, indem wir zu lange zögern. So könntest du dein ganzes Leben darauf verwenden, abzuwarten und in Träumen zu schwelgen. Solltest du einer Aufforderung bedürfen, jetzt endlich dein Ding zu machen: Hier ist sie.
Schlüsselbegriffe: Ehrgeiz, Potenzial, Abenteuer, Veränderung, Bewegung.

Vier der Stäbe: Halt inne und feiere

In dem Puzzle, durch das wir lernen, glücklich zu sein, ist das Feiern ein wichtiges Teilchen. Es erinnert uns daran, worauf es im Leben ankommt. Feste ermöglichen es, mit Leuten zusammenzukommen. Was du feiern kannst? Du brauchst nicht auf die eine große Gelegenheit zu warten, aber vielleicht ist da etwas Besonderes und du fühlst dich genötigt, es runterzuspielen oder zu übergehen. Leg heute mal eine Pause ein und genieß einfach nur. Tu etwas, was dir die Veränderungen des Lebens bewusst macht.
Schlüsselbegriffe: Feierlichkeit, Wertschätzung, Rituale, Anerkennung, Freude.

Fünf der Stäbe: Verschwende keine Energie

Bist du am Kämpfen? Ob du um dich schlägst oder still vor dich hin köchelst: Über dieser Karte schwebt ein großes »Ich will das nicht«, der starke Wunsch, wieder ein besseres Gefühl zu bekommen. Bei den Stäben dreht sich alles um Energie. Die Fünf ermahnt dich, deine nicht für Muffiges oder Aggressives zu vergeuden, das du nicht steuern kannst. Was, wenn du all das als Spiel auffassen würdest, das du gern gut beherrschst, in dem du aber nicht unbedingt die Nummer eins sein musst?
Schlüsselbegriffe: Konflikt, Anspannung, Kampf, Drama, Unbeschwertheit.

Sechs der Stäbe: Freu dich über deine Erfolge

Was bedeutet dir das Gewinnen? Vielleicht beanspruchst du stets den Sieg für dich und ziehst dich bei der kleinsten Kritik zurück oder gehst daran kaputt. Wie kann es jemand wagen, dir einen Fehler zu unterstellen! Oder kannst du im Gegenteil nicht stolz auf deine Leistungen sein und hältst dich nie für gut genug? Diese Karte fordert dich auf, dem Thema Sieg mit mehr Gelassenheit zu begegnen. Feiere deine Errungenschaften. Erfolge sind nichts als ein großer Spaß. Sie sollten nicht alles definieren. Und schon gar nicht deinen Wert als Mensch.
Schlüsselbegriffe: Erfolg, Sieg, Selbstbewusstsein und -vertrauen, Feierlichkeiten.

Sieben der Stäbe: Gib nicht auf

Fühlt es sich für dich so an, als wäre die ganze Welt gegen dich? Diese Karte spricht von Zorn. Aber keine Angst: Zorn ist Energie und die kann dir zeigen, was dir wichtig ist, und dir helfen, es zu verteidigen. Auch unterstützt sie dich dabei, Dinge abzuschließen, etwas zu verändern oder dir Hilfe zu suchen. Nimm dich jetzt zusammen und rappel dich auf. Du musst dich nicht fertigmachen oder um dich schlagen – Zerstörung ist nicht die einzige Option. Nutz deinen Zorn heute für etwas Positives.
Schlüsselbegriffe: Mut, Entschiedenheit, Selbstachtung, Herausforderungen, Widerstandskraft.

Acht der Stäbe: Nimm doch den einfachsten Weg

Wir können unser Leben lang an Türen rütteln, die sich nie öffnen, und die Augen davor verschließen, dass es bessere Möglichkeiten gibt. Dies ist die Karte der Bewegung. Sie fordert dich auf, die offene Tür zu suchen, den gangbaren Weg, der sich irgendwo bietet. Und dann geht's … LOS! Begib dich heute an einen Ort, an dem du Schwung aufnehmen kannst und weiterkommst. Wenn du jetzt die Nerven behältst, wird es dir möglich, den Kurs in die gewünschte Richtung zu ändern. Denk an ein Motorrad, das über eine leere Straße rast.
Schlüsselbegriffe: Action, Schwung, Kaltstart, Flow, Fokus.

Neun der Stäbe: Bleib dir treu

Wer Grenzen setzt, kann sich treu bleiben. Grenzen sind dein Verhaltenskodex, denn sie verhelfen dir zu einem authentischeren Leben: »Dies mache ich, das aber nicht.« Diese Grenzen schützen uns vor Kräften, die uns zu etwas machen wollen, was wir nicht sind. Der Versuch, diese Grenzen zu nutzen, um andere zu kontrollieren oder unangenehme Gefühle abzuwenden, geht allerdings ins Leere. Sagst du an der richtigen Stelle Ja oder Nein? Was wären deine äußersten Grenzen?
Schlüsselbegriffe: Stärke, Grenzen, Überzeugung, Selbstschutz, Integrität.

Zehn der Stäbe: Wirf Ballast ab

Die stärkste Karte. Mitunter fühlt sich das Leben viel zu schwer an, doch wir senken nur den Kopf und trotten weiter. Lass uns jetzt damit aufhören und die Last betrachten, die du trägst. Hast du dir zu viele Stöcke aufgeladen? Du könntest einige Stöcke ablegen oder um Hilfe beim Tragen bitten. Denk heute an deine Grenzen. Du weißt ja: Welche zu setzen, ist eine Art Prüfung, eine Gelegenheit, die Stimme zu erheben und so lange Ja oder Nein zu sagen, bis du nur noch so viele Stöcke mit dir trägst, wie du willst. Wie viel weiter kämst du, würdest du Ballast abwerfen?
Schlüsselbegriffe: Last, erdrückend, Verantwortung, Märtyrertum, Ungleichgewicht.

Bube der Stäbe: Fang an und schau, was passiert

Inspiriert zu werden, fühlt sich an, wie aufzuwachen. Plötzlich scheint Neues möglich. Vielleicht sogar alles. Lass dir dieses Gefühl nicht kaputtmachen. Sieh dich nach Menschen um, die dich ermutigen. Und vergiss nicht, dass du etwas tun musst, damit der Ball ins Rollen kommt. Dabei spielt es keine Rolle, ob du schon genau weißt, was du tust. Wenn du dich erst mal bewegst, stellen sich weitere Inspirationen ein. Nimm auch den kleinsten Samen des Möglichen und marschier mit ihm los.
Schlüsselbegriffe: Vision, Kreativität, Inspiration, Leidenschaft, Anfängergeist.

Ritter der Stäbe: Behalt die Nerven

Um etwas zu verändern, müssen wir uns ins Ungewisse stürzen. Du hast die Zügel aus der Hand gegeben, aber vielleicht ist genau das nötig, um dich woandershin zu bringen? Lass dich von dem damit einhergehenden Adrenalinrausch heute nicht abschrecken. Er ist kein schlechtes Zeichen. Die Dinge entwickeln sich nur schneller, als es dir genehm ist. Eventuell solltest du schon Ja sagen, bevor du dich ganz dazu bereit fühlst. Geh das Risiko ein und folge deinem Bauchgefühl.
Schlüsselbegriffe: Impulsivität, Risiko, Aufregung, Veränderung, Ungewissheit.

Königin der Stäbe: Schütze und pflege die positiven Energien

In uns ist ein Feuer, das uns wärmt und andere willkommen heißt. Eine stille, stete, produktive Flamme, die wir hüten müssen, damit sie nicht ausgeht. Wovon wird diese Energie in dir gefördert? Von Kreativität, Fürsorge, der Natur? Was es auch sein mag, du ziehst damit Menschen und gute Dinge an. Falsche Einflüsse, Gedanken und Gewohnheiten sowie übermäßige Geschäftigkeit dagegen drohen das Feuer in dir zu ersticken. Überleg, was du tun kannst, um es mit Geduld und Achtsamkeit am Lodern zu halten. Schlüsselbegriffe: Willenskraft, Stärke, Wärme, Energie, Selbstbewusstsein.

König der Stäbe: Empör dich – aber für etwas Gutes

Denk an Hitze, Rebellion, an Rot und an Stärke, denk an alles, was etwas bewegt. Diese Intensität kann die Welt verändern – zum Guten wie zum Schlechten. Ihre draufgängerische Impulsivität ruckelt am Status quo und bricht alle Regeln. Sie kann Neues entstehen lassen, dich zu einem Stein des Anstoßes werden lassen. Hier zeigt sich das Feuer der Dichter, Führungspersönlichkeiten, Stars und Neuerer, das aber nur schwer unter Kontrolle zu halten ist – wie alles, was brennt. Jetzt ist es an der Zeit, deine Energie wahr- und die Verantwortung zu übernehmen. Wie kannst du diese Flamme in dir besser entzünden und handhaben? Welche Veränderung kann sie bewirken, was zunichtemachen und was zum Vorschein bringen?

Schlüsselbegriffe: Intensität, Leidenschaft, Rebellion, Vision, Charisma.

Schwerter

Ass der Schwerter: Genug gedacht

Diese Karte verweist auf die Chance eines neuen, entschiedeneren Denkens. Vielleicht bist du verwirrt, durcheinander, hast zu viel im Kopf oder kannst dich nicht entscheiden. An manchen Tagen muss man den Blick auf das große Ganze richten; wenn wir aber nie zu Potte kommen, sitzen wir nur ewig unschlüssig herum, ohne je etwas zu tun. Entscheide, was richtig und was falsch ist, und handele entsprechend. Später kannst du es dir ja wieder anders überlegen.
Schlüsselbegriffe: Klarheit, Durchbruch, Stärke, Action, Motivation.

Zwei der Schwerter: Halt dich an die Beweise

Manchmal fühlt es sich an, als hätte man ein Karussell im Kopf. Dann ist man geneigt, einfach die Augen zu schließen und dichtzumachen. Doch wenn dir eine Entscheidung abverlangt wird, solltest du versuchen, dir alle Beweise, Gedanken und Interpretationen vor Augen zu führen. Welche Geschichte macht dich stark und kompetent? Welche Gedanken bestätigen deinen Eindruck, ein armes Hascherl zu sein? Die positiven Überlegungen weisen dir den Weg zur richtigen Entscheidung.
Schlüsselbegriffe: Entscheidungen, Pattsituation, Blockaden, Verleugnung, Beweise.

Drei der Schwerter: Bekenn dich zu deinen Gefühlen

Manchmal quält uns das Leben. Mit Liebeskummer, tiefer Trauer oder Verletzung. Diese Karte sagt: Versuch gar nicht erst, etwas zu vertuschen oder dich durchzukämpfen. Um heilen zu können, müssen wir unsere Gefühle wahrnehmen und zum Ausdruck bringen. Du *darfst* verletzlich und bedürftig sein. Wenn du deine Empfindungen zulässt, geht dir sicher so einiges durch den Kopf. Vielleicht bist du traurig und ängstlich? Zornig? Lass alles zu.
Schlüsselbegriffe: Herzweh, Schmerz, Wunden, zulassen, akzeptieren.

Vier der Schwerter: Komm zur Ruhe

Unsere von Produktivität und Selbstoptimierung besessene Gesellschaft setzt uns stark unter Druck. Diese Karte fordert dich zum Innehalten auf. Dazu, nicht nur körperlich, sondern auch geistig zur Ruhe zu kommen. Kannst du das? Oder bleibst du busy, wenn auch vielleicht etwas anders? Echte Ruhe kann sich unangenehm anfühlen und sogar Angst auslösen. Doch gerade in solchen stillen Momenten gelangen wir oft zu großer Klarheit. Gleichst du einem ungebremsten Schnellzug? Halt an. Es wird dir guttun und ist völlig unbedenklich.
Schlüsselbegriffe: Ruhe, Stille, Erholung, Rückzug, Detox.

Fünf der Schwerter: Übernimm Verantwortung

Hier geht's um Konflikte. Hast du das Gefühl, zu Recht gewonnen zu haben? Oder glaubst du, unfair behandelt worden zu sein? In jedem Fall hast du dir vermutlich eine Geschichte ausgedacht, die beweist, dass du recht hast. Diese Karte kann dich animieren, zu gucken, inwieweit deine Gedanken und Äußerungen die Situation eskalieren. Vergiss nicht: Du hast Wahlmöglichkeiten. Du kannst mit jemand Neutralem sprechen. Die Situation verlassen. Deinen Frieden mit ihr machen. Oder beschließen, die Geschichte zu verändern.
Schlüsselbegriffe: Konflikt, Bitterkeit, Vorwürfe, Destruktives, Wahlmöglichkeiten.

Sechs der Schwerter: Warte nicht

Wenn wir wissen, dass eine Veränderung wehtun wird, wollen wir oft abwarten, bis wir »bereit« sind. Diese Karte fordert dich auf, dein Päckchen mit all deinen Ängsten und Verletzungen zu schultern und einfach durchzustarten – genauso, wie du gerade bist. Zunächst jagt es dir vielleicht Angst ein oder scheint völlig hoffnungslos. Sobald du aber anfängst, dich mit kleinen vernünftigen Schritten der Erfüllung deiner Wünsche zu nähern, wird alles anders. Wer weiß, was dich erwartet? Mach einen Plan und zisch los. Du kannst das!
Schlüsselbegriffe: Veränderung, Übergang, Genesung, Zukunft, Hoffnung.

Sieben der Schwerter: Mach dir nichts vor

Dies ist die Karte des Betrugs. Kein Zweifel: Andere lassen uns oft im Stich, belügen und verletzen uns. Anderen den Schwarzen Peter zuzuschieben, ist aber viel leichter, als einzugestehen, dass man selbst sich auch nicht immer tadellos verhält. Handelst du deinen Werten und Zusagen entsprechend? Sagst du die volle Wahrheit oder schummelst du, um Dinge zu verschleiern? Egal, was andere uns antun, solange wir nicht aufrichtig leben, betrügen wir uns selbst.
Schlüsselbegriffe: Täuschung, Betrug, Ehrlichkeit sich selbst gegenüber, Authentizität, Manipulation.

Acht der Schwerter: Keine vorschnellen Schlüsse!

Blockaden können entstehen, wenn wir wissen, wie etwas »richtig« geht, diesem Ideal aber nicht entsprechen. Wenn wir uns vor den emotionalen Konsequenzen eines Handelns fürchten. Unsere Gedanken können uns so hemmen, dass wir nicht mehr vor oder zurück können. Mach dir klar: Überzeugungen sind nichts Reales, sondern nur Gedanken. Nimm die Scheuklappen ab. Bist du tatsächlich blockiert oder hast du in Wirklichkeit reichlich Freiraum? Frag dich: »Was, wenn …?« Lass neue Ideen an dich heran.
Schlüsselbegriffe: Einschränkungen, Hilflosigkeit, Negativität, Grübeleien, Ausreden.

Neun der Schwerter: Das ist noch nicht das Ende

Albträume, mentale Qualen, die sich anfühlen wie der Weltuntergang … Was aber, wenn die Geschichte doch noch nicht zu Ende wäre? Hör auf zu grübeln. Tu etwas. Krieg den Hintern hoch. Lass neue Impulse zu. Hier kann noch vieles ganz anders laufen, als du denkst. Was wäre, wenn du aufstehen, dich umschauen und diese Gedanken laut aussprechen würdest? Oder wenn du dir Hilfe suchen würdest?
Schlüsselbegriffe: Verzweiflung, Bedrängnis, Panik, Grübeleien, Selbstsabotage.

Zehn der Schwerter: Geh den Weg der Heilung

Autsch. Atme tief durch. Und vergiss nicht: Die Schwerter repräsentieren den Geist. Selbst wenn du dich also von ihnen durchbohrt fühlst, kann dir nichts geschehen. Und was noch mehr Hoffnung macht: Die Zehnen stehen für ein Ende. Vielleicht wurdest du tief verletzt oder in Angst und Schrecken versetzt, aber damit ist jetzt Schluss. Jetzt ziehst du diese Schwerter – eins nach dem anderen – aus deinen Wunden, sodass sie heilen können. Das heißt: Du nimmst dir jeden schmerzhaften Gedanken vor und betrachtest ihn tapfer. Was muss passieren, damit du anfangen kannst zu heilen? Am besten beginnst du mit liebevollen Selbstgesprächen.
Schlüsselbegriffe: Krise, Niederlage, Beendigung, Schmerz, Heilung.

Bube der Schwerter: Check deine blinden Flecke

Leidenschaft kann wunderbar sein, jetzt aber solltest du genauer hinschauen. Inspirierst du andere mit deinen Ideen oder versuchst du, alles zu kontrollieren? Wenn wir fast zwanghaft versuchen, Gutes zu tun oder etwas zu verändern, dann oft nur, weil wir uns in eine Idee verbissen haben oder auf einen Feind eindreschen, der gar nicht existiert. Das endlose Beharren auf Meinungen kann zu einer diffusen Weltsicht führen. Könntest du deine Auffassungen ein wenig lockern, damit du klarere Sicht bekommst?
Schlüsselbegriffe: Leidenschaft, Begeisterung, Meinung, Abwehr, Selbstausdruck.

Ritter der Schwerter: Fokussier dich

Heute geht es um Tempo, Multitasking, darum, alles Unangenehme durch Besseres zu ersetzen und ständig nach Neuem zu suchen, das uns unterhält oder ruhigstellt. Dabei ist die Konzentration eine echte Superkraft. Inwiefern würde dein Leben von mehr Fokussierung profitieren? Leicht fällt sie nicht. Doch was könnte dir helfen, dich nicht mehr so schnell ablenken zu lassen? Fang an, dich immer auf das zu konzentrieren, was du gerade tust. Und nimm Tempo raus.
Schlüsselbegriffe: Unbeirrbarkeit, Verbindlichkeit, Entschiedenheit, Fokussierung, Action.

Königin der Schwerter: Mach dich mit der wahren Wirklichkeit vertraut

Die Wahrheit ist oft viel komplexer, als wir denken. Dein weisestes, erfahrenstes Ich hat den Überblick und spürt, wann dir Dramen und Übertreibungen die Sicht verstellen. Wenn wir uns unsicher fühlen, können wir auf den kindlichen Teil von uns zurückgeworfen werden, der beurteilt und nur das Absolute gelten lässt. Die Königin dagegen symbolisiert den älteren, selbstsicheren, ruhigen Aspekt von dir, der größeren Wert auf Weisheit legt als aufs Gewinnen. Sobald du Verantwortung übernimmst, dich weigerst, Opfer zu sein, und keine Täuschungen, nichts Nutzloses oder Unwahres mehr zulässt, gewinnst du die Kraft, dein Leben zu ändern und Gutes zu tun. Schlüsselbegriffe: Klarheit, Unabhängigkeit, Stärke, Weis- und Wahrheit.

König der Schwerter: Schau, was deine Aufmerksamkeit erregt

Wo hast du deinen Kopf? Das ist eine Frage von Leben und Tod, denn worauf du achtest, kann darüber entscheiden, was lebt und wächst oder stirbt. Wir nähren Dinge dadurch, dass wir ihnen Aufmerksamkeit schenken, und töten sie, indem wir uns von ihnen abwenden. Beides hat das Potenzial, zu heilen oder zu verwunden, insbesondere, wenn man auf Autopilot läuft. Sobald du lernst, mit Unterscheidungsvermögen und Verantwortungsbewusstsein zu registrieren, was du im jeweiligen Moment wirklich tust, trittst du in die wahre Kraft von Erwachsenen ein. Und hast zugleich die größten Chancen, dir dein Leben nach Gusto zu gestalten.
Schlüsselbegriffe: Fokus, Einsicht, Verantwortung, Entscheiden, Ehrlichkeit.

Münzen

Ass der Münzen: Sag Ja

Am Anfang jeder großen Veränderung steht die Erkenntnis, dass uns ein Angebot gemacht wird. Jetzt gerade bietet dir das Leben vielleicht eine neue Einsicht, Vision, Zeit, Geld oder Unterstützung an. Oder etwas Nettes, das dir Freude macht – was auch immer. Schau, welche Ressourcen und Möglichkeiten sich dir heute präsentieren. Vielleicht bist du überrascht, wie opulent und großzügig die Welt im Grunde ist. Hab keine Scheu, dich zu bedienen. Sag Ja. Sag Danke. Und dann mach etwas Gutes daraus.
Schlüsselbegriffe: Chancen, Geschenke, Fülle, Support, Veränderung.

Zwei der Münzen: Nimm nicht alles so ernst

Betriebsamkeit bietet auch eine wunderbare Chance zu verspielter Lebensfreude. Was kannst du dir von Jongleuren abgucken? Beweglichkeit, Balance, Lachen und Spaßhaben. Heute braucht nichts Großes zu passieren. Ja, konzentrieren musst du dich und der eine oder andere Ball wird dir auch aus der Hand fallen, aber du kannst immer wieder neu anfangen. Statt perfekt sein zu wollen, genieß deinen lebendigen Tanz mit dem Universum.
Schlüsselbegriffe: Geschäftigkeit, Flexibilität, Prioritäten, Energie, Gleichgewicht.

Drei der Münzen: Lad andere ein, sich dir anzuschließen

Wollen wir alles allein tun, wird unsere Lebenswelt sehr schmal und düster. Die Gesellschaft von Menschen dagegen bietet Licht und Freiraum. Was passiert, wenn du deine Träume nicht länger als Solonummer verstehst? Vielleicht liegt das Geheimnis des Erfolges ja in der Kooperation? Überleg mal, wen du heute bitten kannst, sich dir anzuschließen. Was, wenn du nicht nur auf der Welt wärst, um deine eigene Arbeit zu verrichten, sondern auch, um andere bei ihrem Lebenswerk zu unterstützen?
Schlüsselbegriffe: Kooperation, Teamwork, Gemeinschaft, Synergie, Mitwirkung.

Vier der Münzen: Vertrau auf die Fülle

Blockiert fühlen wir uns oft, wenn wir das Gefühl haben, dass nicht genug da ist: Geld, Erfolg, Glück, Liebe. Noch schlimmer wird es, wenn jemand anderes etwas vor uns bekommt. Gibt es in deinem Leben einen Bereich, in dem diese Angst besonders ausgeprägt ist? Doch was, wenn die Fülle der Welt viel größer wäre, als du denkst, und du nur großzügig sein und dich öffnen müsstest, um Zugang zu ihr zu finden? Verabschiede dich von deinen Verlustängsten und schau, was passiert.
Schlüsselbegriffe: Hamstern, Obsession, Groll, Angst, Vertrauen.

Fünf der Münzen: Lass viel Gutes an dich ran

Dich zu fühlen, als hättest du alles verloren, kann dich innerlich zu Eis erstarren lassen. Stößt dir etwas Schlimmes zu, redest du dir vielleicht ein, nichts Gutes verdient zu haben, zu Recht bestraft zu werden, unerwünscht, rettungslos verloren zu sein. Du verharrst deshalb in dunkler Kälte. Was aber, wenn du gar kein hungriger Eiszapfen sein müsstest? Du bist nicht verbannt worden, Licht und Liebe sind noch da, Veränderungen möglich. Das Leben freut sich auf dich. Es erwartet dich noch so vieles.

Schlüsselbegriffe: Verlust, Leiden, Not und Elend, Depression, Selbstbestrafung.

Sechs der Münzen: Lebe Gegenseitigkeit

Geben und Nehmen: Wir können beides ohne Erwartungen tun oder mit Hintergedanken. Gibst oder nimmst du eher? Gibst du zwar, aber mit gemischten Gefühlen? Oder ist dir, als würdest du an die Wand gedrückt, wenn du nimmst? Reißt du alles an dich oder verausgabst du dich? Spür Machtgefälle auf, verborgene Botschaften. Was würdest du brauchen, um deine Beziehungen ausgeglichener zu gestalten, mehr auf Gegenseitigkeit beruhend? Wie kannst du Geben und Nehmen ausbalancieren?

Schlüsselbegriffe: Beziehungen, Gegenseitigkeit, Großzügigkeit, Dankbarkeit, Macht.

Sieben der Münzen: Was läuft gut?

Diese Karte lädt ein, dich in Ruhe darauf zu konzentrieren, wie gut alles läuft. Jetzt hast du die Chance, dein ewiges »Nicht genug« zu hinterfragen und dankbar zu sein. Vielleicht musst du den Kurs wechseln. Schau dir deine Muster und Gewohnheiten mitfühlend daraufhin an, was als Nächstes ansteht. Und vergiss nicht: Du darfst dich gut fühlen! Du redest dir ein, dass du nie zufrieden sein kannst? Sind diese Geschichten überhaupt wahr?
Schlüsselbegriffe: Lohn, Befriedigung, Zufriedenheit, Dankbarkeit, Bewertung.

Acht der Münzen: Zeig dich

Wie oft gelingt es dir, zur Ruhe zu kommen und dich um die Dinge zu kümmern, die dir wichtig sind? Nein? Als Erstes musst du herausfinden, was dir im Weg steht: Perfektionismus und die Angst vorm Scheitern? Wir legen die Latte oft so hoch, dass der Druck zu groß wird. Fortschritte sind aber nur möglich, wenn du dich zeigst und ablieferst. Fehler kommen vor. Kannst du dich darin üben, nach einem enttäuschenden Tag am nächsten wieder auf der Matte zu stehen? Vertrau auf den Prozess. Wenn du es einfach immer wieder versuchst, kommt irgendwann etwas Gutes dabei heraus.
Schlüsselbegriffe: Engagement, Wiederholung, Training, Disziplin, Vertrauen.

Neun der Münzen: Investier in deine Zukunft

Gärten erinnern uns daran, dass wir Pflanzen immer wieder gießen, auslichten, von Unkraut befreien müssen, damit sie wachsen können. In der Reife- und Erntezeit dürfen wir dann die Belohnung genießen. Leistungen sind kein Zufall – was Raum für Hoffnung wie auch für Stolz lässt. Empfindest du dein Leben momentan als öde? Denk an Samen, Geduld und Engagement. Wenn du siehst, dass um dich herum alles bestens ist – woran kannst du dich dann im Einzelnen erfreuen? Hüte dich vor Langeweile und Ungeduld, die dich in Versuchung bringen können, vorzeitig zu ernten. Schlüsselbegriffe: Fülle, Lohn, Vergnügen, Unabhängigkeit, Leistung.

Zehn der Münzen: Feier deine Verbundenheit

Werde dir heute deiner Zugehörigkeit bewusst. Du bist eins mit dir, mit deinem Körper, bist Teil deiner Nachbarschaft, der Welt, verbunden mit den Bäumen, Vögeln, Blumen. Ist das nicht wunderbar? Dass wir uns isoliert oder ausgeschlossen fühlen, liegt oft daran, dass wir unsere grundlegende Verbundenheit mit allen und allem vergessen haben. Heute ist der Tag, dein Vernetztsein wahrzunehmen und zu feiern. Welche Beziehung könntest du jetzt vertiefen und intensivieren? Schlüsselbegriffe: Verbindung, Gemeinschaft, Beziehungen, Fülle, Wertschätzung.

Bube der Münzen: Nimm dir Zeit zum Lernen

Lernen stellt eine Form der Hingabe dar: die Würdigung der Tatsache, dass das Leben prall und interessant ist und wir nicht alles wissen. Beim Lernen hast du die Chance, Herz und Geist gleichermaßen zu öffnen und herauszufinden, was dir am meisten bedeutet. Außerdem regt es dich an, aktiv zu werden. Dinge auszuprobieren, zu üben, zuzuhören und zu reagieren. Wie könntest du deine Lernbereitschaft heute praktisch zum Ausdruck bringen?
Schlüsselbegriffe: Lernen, Offenheit, Übung, Ausbildung.

Ritter der Münzen: Halt Kurs

Weil es normal ist, dass der Geist umherrast und unsere Emotionen schwanken, sind wir Menschen nur selten gleichmütig. Wir lassen uns gern hinreißen, weil wir Beständigkeit und harte Arbeit als langweilig empfinden. Doch um etwas erreichen zu können, müssen wir manchmal auf Drama verzichten und am Ball bleiben. Diese Karte fordert uns auf, einen Job einfach durchzuziehen und zum Abschluss zu bringen. Die Energie hier ist gemäßigt, aber entschieden. Keine Ausreden, einfach nur malochen. Ja, das ist öde, aber jede Mühe wert.
Schlüsselbegriffe: Ausdauer, Fokus, Routine, Entschiedenheit, Einsatz.

Königin der Münzen: Gib mit Zuversicht und Selbstvertrauen

Sobald wir begreifen, dass es mehr als genug Gutes für alle gibt und wir unser Glück jederzeit selbst in der Hand haben, sind wir frei und stark genug, die Defensive zu verlassen und wahre Großzügigkeit an den Tag zu legen. Wir alle wollen freundlicher und liebevoller werden. Wende dich heute der Welt und deinem Umfeld zu und verhalt dich so, wie du weißt, dass es richtig ist. Widme anderen deine Zeit, Geduld, Heiterkeit, deine Fähigkeit zur Lösung von Problemen und lass sie in den Genuss all deiner Ressourcen kommen. Der Weg zu wahrer Selbstachtung führt über deine Werte.

Schlüsselbegriffe: Autonomie, Einfallsreichtum, Selbstvertrauen, Großzügigkeit, Mitgefühl.

König der Münzen: Konzentrier dich auf die nächsten praktischen Schritte

Die Vorstellung, Verantwortung zu übernehmen, kann einem Angst machen. Doch wie wäre es, darin eine besondere Kraft zu sehen? Das Leben ist vollkommen unvorhersehbar. Was der nächste Tag bringt, kannst du nicht steuern. Sehr wohl aber, was du als Nächstes tust. Durch die Konzentration auf dein Handeln machst du dein Leben zu etwas, das du gestalten kannst und das dir nicht passiv zustößt. So kannst du dir sagen: »Was auch geschieht, ich mach mein Ding.« Wie ändert sich dein Leben, sobald du aufhörst, dich rauszureden, und stattdessen immer wieder aufstehst und dich fragst: »Gut, und was kann ich jetzt noch tun?«
Schlüsselbegriffe: Verantwortung, Kraft, Leadership, Selbstwirksamkeit, Unabhängigkeit.

4: Spreads und Storys

Wenn sich die Karten für dich allmählich wie gute Freundinnen anfühlen, möchtest du vielleicht anfangen, dich auch mit möglichen Spreads vertraut zu machen. Darunter versteht man das Auslegen mehrerer Karten in einem bestimmten Muster mit dem Ziel, die jeweiligen Bedeutungen der einzelnen Motive miteinander zu verbinden. Im Tarot kennen wir einige traditionelle Legesysteme wie etwa das Keltische Kreuz. »Offiziell empfohlen« aber wird keine, und es gibt auch keine Spreads, die die Karten besser zum »Sprechen« bringen könnten als andere. Auf diesem Gebiet sind deine Kreativität und dein Einfallsreichtum Trumpf.

Wie du vorgehst

Such dir einen Bereich deines Lebens oder eine bestimmte Situation aus, über die du mehr erfahren möchtest. Vielleicht etwas, was dir Angst macht, eine Beziehung oder auch eine berufliche Frage – einfach ein Gebiet, auf dem du dir größere Klarheit wünschst. Weiter gehst du vor wie beim Ziehen der Tageskarte (Seite 15), nur dass du diesmal mehr als eine Karte wählst und sie vor dir auslegst.

Zwei-Karten-Spreads

Die einfachste und natürlichste Weiterentwicklung der Tageskarte stellt natürlich die Arbeit mit zwei Karten dar. Die größere Dynamik, die so entsteht, erweitert das Verständnis der fraglichen Situation. Welche Aspekte deiner Erfahrungen, Gedanken, Verhaltensweisen oder Schwierigkeiten möchtest du erkunden? Für ein Zwei-Karten-Spread wählst du eines der folgenden beispielhaften Paare. Dann ziehst du für jede Spalte eine Karte. Welche anderen Paarungen fallen dir noch ein?

Die erste Karte, die du ziehst	**Die zweite Karte, die du ziehst**
Die oberflächliche Situation	Die tiefere Wahrheit
Jetzt	Künftig
Ich	Die andere Person
Wo ich stehe	Was mir fehlt
Erste Möglichkeit	Zweite Möglichkeit
Meine Stärken	Meine blinden Flecke
Was ich weiß	Was ich erfahren muss
Was ich mir vorstelle	Was wirklich geschieht

Drei-Karten-Spread

Hier kommt ein »Plot Point« hinzu. Fällt dir auf, dass jede zusätzliche Karte die Story um eine weitere Schicht ergänzt? Überleg auch hier wieder vorab, welche drei Aspekte deiner Geschichte dich interessieren, und zieh die Karten mit geschlossenen Augen.

Erste Karte	**Zweite Karte**	**Dritte Karte**
Wo ich herkomme	Wo ich bin	Wo ich hinwill
Was geschieht	Was stört	Wo ich sein sollte
Was ich gut mache	Was nicht klappt	Was ich verändern muss
Worüber ich nachdenke	Was ich tue	Die Konsequenz
Was ich will	Was ich brauche	Wovor ich mich in Acht nehmen muss
Einflüsse von früher	Aktuelle Einflüsse	Lehrende, die ich künftig brauche
Wer ich war	Wer ich jetzt bin	Wer ich sein könnte
Ich	Die andere Person	Was uns verbindet

Spread: Formen und Muster

Die Drei-Karten-Spreads stellen eine gute Gelegenheit dar, deiner Geschichte mögliche Formen und ein Design zu geben. Denk an die obigen Beispiele zurück und überleg dir, wie du die drei Karten vor dir auslegen kannst.

- Linear, in chronologischer Reihenfolge?
- Vieleicht möchtest du sie im Dreieck auslegen, sodass sich deine Geschichte quasi kreisförmig entwickelt?
- Oder du legst zwei Karten aus – und in die Mitte eine, die ein Hindernis oder eine Wand zwischen beiden symbolisiert.
- Vielleicht begreifst du die drei Karten auch als eine Art Treppe, die zu etwas Höherem führt.
- Dominiert eine Karte die anderen und »erhebt« sich über sie?
- Oder unterliegen zwei der Karten einem geheimen Einfluss?

Falsche Antworten gibt es nicht. Was erscheint dir sinnvoll? Was illustriert die Geschichte, die du erkundest, am besten?

Vielleicht möchtest du dein Muster vorab auf einem Stück Papier skizzieren und die Karten nach dem Ziehen auf die entsprechenden Plätze legen. Du kannst aber auch erst die Karten auslegen und dann schauen, welches Muster sie quasi von selbst bilden. Halt deine Muster und die Fragen an die Karten in deinem Notizbuch fest, damit du später weiter an ihnen arbeiten kannst.

Mit zunehmendem Selbstvertrauen kannst du mit Vier-, Fünf- und Sechs-Karten-Spreads experimentieren – oder sogar noch mehr. Vier Karten bilden wie von selbst ein Quadrat, fünf einen Stern oder eine Blütenform und sechs eine Pyramide (3-2-1). Mit deiner Situation im Kopf kannst du die Karten sogar in Form eines Comics auslegen und sie »lesen« wie ein Buch. Auch kannst du vorab jedem Tag der Woche eine Karte zuordnen und schauen, wie (oder ob überhaupt) sich die Geschichte entwickelt. Genauso gut geht das für die zwölf Monate eines neuen Jahres. Da gibt es wirklich unendlich viele Möglichkeiten, also hab Spaß!

Eine Beispiellegung

Angenommen, die Unterhaltung mit einer Freundin gestern hat mich ziemlich verunsichert. Ich weiß nicht, warum – sie hat eigentlich nichts gesagt, was mich verletzt hätte. Aber irgendwas beunruhigt mich, ich fühle mich klein und verwundbar. Welche drei Aspekte dieser Situation könnten mir Einblick in meine gegenwärtige Gefühlswelt geben?

Versuchen könnten wir es so:

Meine Wirklichkeit

Die Wirklichkeit meiner Freundin

Der Gedanke, der meiner möglichen Klarheit im Weg steht

Ich ziehe drei Karten, fokussiere mich einzeln auf jeden Aspekt, lege als Symbol für meine Blockade die »Gedanken«-Karte zwischen mich und meine Freundin. Welche Geschichte erzählen die Karten?

Meine Wirklichkeit	Der Gedanke, der es mir verunmöglicht, Klarheit zu gewinnen	Die Wirklichkeit meiner Freundin

Der Herrscher	**Sieben der Kelche**	**König der Stäbe**
Ich muss im Leben sehr stark sein und habe viel Verantwortung.	Ich wünschte mir, es wäre anders. Das ist doch nicht fair. Für sie ist alles so viel einfacher. Wäre ich nur mehr wie sie, hätte ich ein viel besseres Leben.	Meine Freundin hat so viel Energie, Charisma und Tatendrang. Alle fühlen sich zu ihr hingezogen und sie kriegt so viel Lob und Aufmerksamkeit.

Ja, das fühlt sich richtig an. Ich ersetze die mittlere Karte durch eine neue und frage: Welche Perspektive würde mir ein besseres Gefühl geben?

Meine Wirklichkeit

Der Herrscher

Ich muss im Leben sehr stark sein und habe viel Verantwortung.

Die Perspektive, die mir ein besseres Gefühl geben würde

König der Münzen

Mein Handeln ist vielleicht nicht so sichtbar, dafür habe ich eine andere Stärke: Ich kann gut Entscheidungen treffen und lenke mein Leben in eine positive Richtung.

Die Wirklichkeit meiner Freundin

König der Stäbe

Meine Freundin hat so viel Energie, Charisma und Tatendrang. Alle fühlen sich zu ihr hingezogen und sie kriegt so viel Lob und Aufmerksamkeit.

Ich liebe die drei starken Figuren, die unsere Legung vervollständigen. Meine Perspektive ist von Wunschdenken, Groll und Vergleichen verzerrt gewesen. Jetzt erkenne ich, dass ich eine ganz eigene Form von Leadership verkörpere. Denn Tag für Tag baue ich mir ein besseres Leben auf. Und kann stolz sein auf meine Kraft und meinen Mut.

5: Der Tarot im Alltag

Ein verlässlicher Anker wie der Tarot kann dir im Alltag eine große Hilfe sein. Deshalb hoffe ich auch, dass du dich künftig von ihm durchs Leben begleiten lässt. Das tägliche Ziehen einer Karte ist dabei nur ein Anfang. Hier sind weitere Möglichkeiten, den Tarot in dein Leben einzubeziehen.

Schreine und Talismane

Sollte dich eine Karte besonders ansprechen und in deinen Legungen immer wieder auftreten, möchtest du sie vielleicht auch außerhalb der Arbeit mit dem Tarot bei dir haben. Dann könntest du ihr etwa einen Platz in einem Regal widmen und Dinge sammeln, die das Motiv widerspiegeln. Eines davon magst du vielleicht als Talisman bei dir tragen. Welche Objekte fallen dir da ein? Welche Farbe haben sie? Welche Schlüsselbegriffe symbolisieren sie? Vielleicht Tiere oder Pflanzen? Zeichne sie, such Bilder dafür, lass deiner Fantasie freien Lauf.

Elemente

Viele Karten, vor allem der Kleinen Arkana, werden mit einem Element assoziiert: die Kelche mit Wasser, die Stäbe mit Feuer, die Schwerter mit Luft und die Münzen mit Erde. Betrachte die von dir gezogene Tageskarte jeweils auch unter diesem Aspekt und verbinde dich über alle Sinne mit dem entsprechenden Element.

Kunst und Schreiben

Die Karten sind gute Katalysatoren des künstlerischen Ausdrucks. Vielleicht regen dich die Motive an, eigene Versionen von ihnen zu gestalten, gern auch abstrakt. Genauso könntest du dich schriftlich mit den Charakteren und Situationen befassen, denen du im Tarot begegnest – als wären sie ein Fenster in eine andere Welt. Betrachte jede Karte als tiefen Teich. Wie weit kann deine Fantasie eintauchen? Und was bringst du anschließend wieder in diese Welt mit zurück?

Legungen für andere

Wenn dich der Tarot so richtig gepackt hat, ist es nur natürlich, dass du gern auch anderen die Karten legen würdest. Und vielleicht wirst du ja sogar ausdrücklich darum gebeten. Doch solltest du diesen Weg gehen wollen, nimm dir bitte das Folgende zu Herzen.

Der Tarot rührt an einige der tiefsten menschlichen Wunden, Störungen und psychische Wesenszüge. Wie Berater und Psychologinnen, die darin ausgebildet sind, Menschen bei der Begegnung mit ihren Stärken und Schwächen zu unterstützen, müssen auch Tarotlegende verantwortungsbewusst und umsichtig ans Werk gehen. Mach dir klar, dass deine Interpretation der Karten große Wirkung auf Stimmung, Sicherheitsempfinden,

Hoffnungen und Verhalten deines Gegenübers haben kann. Sei deshalb äußerst achtsam. Vielleicht absolvierst du sogar zusätzlich eine psychologische Ausbildung.

Alle Menschen sind in der Lage, sich selbst die Karten zu legen und sie zu deuten. Wie wäre es also, wenn du andere im Umgang mit dem Tarot schulen würdest, statt ihnen ihr Kartenbild zu interpretieren? So könntet ihr dies gemeinsam tun und die andere Person kann dabei von deinen Erfahrungen profitieren, ohne dass du eine wie auch immer geartete Botschaft überbringen müsstest.

Falls du dich jedoch dafür entscheidest, anderen die Arbeit abzunehmen, solltest du dich nicht scheuen, auch einmal von der Tradition abzuweichen – sieh aber zu, dass du dich vorab intensiv mit dieser beschäftigst.

Mein Wunsch für dich

Als ich angefangen habe, mich mit dem Tarot zu beschäftigen, habe ich es heimlich getan und war dabei unsicher und ziemlich nervös. Die Karten fühlten sich für mich fremd an und ich hatte oft das Gefühl, in eine Welt vorzudringen, in die ich eigentlich nicht gehörte. Mit diesem Büchlein nun verbinde ich die Hoffnung, dass du unbeschwerter in dein Tarotabenteuer aufbrechen kannst als ich, weil du weißt, dass die Karten im Grunde alte Freundinnen sind, die nur darauf warten, dich willkommen heißen zu können und dir nichts als Liebe und gütige Weisheit entgegenzubringen.

Mögest du mutig sein.

Mögest du deiner Wahrheit näher kommen.

Mögest du immer lieb zu dir sein.

Und möge dir jeder Tag Freude und Hoffnung bescheren.